Diese Kinder haben den Text geschrieben und einige von ihnen auch Bilder gezeichnet:

Yakren Akbaba
Emily Becker
Leon Ciric
Jule Ellerbrake
Nikolaos Fotopoulos
Thomas Gassmann
Christian Hagemeier
Maresa Hanke
Henri Kreiz
Ben Krümpelmann
Marlen Laßmann
Meike Lips
Anika Matthey
Tobias Minkwitz
Helena Rosengarten
Lars Schlößer
Till-Mateo Schroeder
Lilli Wieberneit

Diese Kinder haben Bilder gezeichnet:

Levent Aydin
Sara Bayat
Laurine Bohlmann
Cleo Esser
Paula Garcia Rau
Robin Grützmann
Lorenza Koeppers
Wlada Kurtasavo
Laura Santos-Moran
Jessica Schmidt
Laura Wohlthat

Bibliografische Information der Deutschen Nationalbibliothek
Die Deutsche Nationalbibliothek verzeichnet diese Publikation in der Deutschen Nationalbibliografie; detaillierte bibliografische Daten sind im Internet über http://dnb.d-nb.de abrufbar.

Besonderer Hinweis

1. Auflage	Mai 2012
© 2012	edition riedenburg
Verlagsanschrift	Anton-Hochmuth-Straße 8, 5020 Salzburg, Österreich
Internet	www.editionriedenburg.at
E-Mail	verlag@editionriedenburg.at

Lektorat	Dr. phil. Heike Wolter, Regensburg
Satz und Layout	edition riedenburg
Herstellung	Books on Demand GmbH, Norderstedt

ISBN 978-3-902647-50-4

Die Josefsgeschichte

Von Kindern für Kinder erzählt und gezeichnet

Inhalt

Einleitende Worte

Die Freiräume der biblischen Erzählungen

Beim Lesen von Geschichten entstehen innere Bilder im Kopf. Als würden wir in einem Film Regie führen, setzen wir die Figuren in bestimmte Umgebungen, statten sie mit besonderen Kleidungsstücken aus und geben ihnen ihr ganz eigenes Gesicht. Wenn wir erst das Buch lesen und dann die – meist mit großem Aufwand gedrehte – Verfilmung anschauen, sind wir häufig enttäuscht. Diese Enttäuschung rührt meist daher, dass wir unsere eigene innere „Verfilmung", die wir während unserer Lektüre „gedreht" haben, viel reizvoller fanden.

Das „innere Kino", das im Kopf während des Lesens bzw. Hörens abläuft, sieht bei jeder Person anders aus. Wir bebildern die Erzählung mit unseren eigenen Vorerfahrungen und Phantasien. Wenn es in der Josefserzählung zum Beispiel um Konkurrenz zwischen Brüdern geht, dann werden wir automatisch an unsere eigenen Konfliktsituationen erinnert. Und wer kennt sie nicht, die Streitereien mit den lieben Geschwistern, die allzu oft bis ins Erwachsenenalter reichen? Die Josefsgeschichte etwa behandelt dieses so grundlegende Thema auf ihre Weise und bietet uns damit eine Möglichkeit an, wie wir mit unseren eigenen Konflikten umgehen können.

Mit unseren Erfahrungen geschieht im Laufe der Lektüre etwas ganz Besonderes: sie werden aufgenommen und durch den Text in einen neuen Zusammenhang gestellt. Die biblischen Erzählungen – und Erzählungen generell – sind darum immer auch so etwas wie Utopien, die unser Denken und Handeln herausfordern. So wird Lesen zum Bestandteil unseres Lebens, wie es Filme kaum werden können. Das Kino auf der Leinwand kann die eigene Phantasie nie so herausfordern und die eigene Lebenserfahrung nie so wachrufen wie das „Kino", das während des Lesens im Kopf abläuft. Beim Lesen sind wir viel aktiver, werden wir mehr herausgefordert als vor dem Bildschirm bzw. vor der Leinwand, die uns immer schon fertige Bilder bieten. Wenn wir hingegen mit unserer eigenen Einbildungskraft und Lebenserfahrung in eine Erzählung einsteigen, werden wir ein Bestandteil von ihr und sie wird ein Bestandteil von uns.

Die Bibel hat ihre ganz eigene Art zu erzählen: kurz, prägnant und schnell voranschreitend trägt sie die Handlung vor. Beinahe jeder Satz bringt einen Handlungsfortschritt mit sich.

Mit der Beschreibung der genauen Umstände halten sich die biblischen Erzählungen nicht lange auf. Das müssen wir uns schon selbst ausmalen. Die Bibel erzählt nicht, wie die Zisterne aussah, in die Josef von seinen Brüdern geworfen wurde, auch über das Erscheinungsbild von Potifars Frau werden keine näheren Angaben gemacht und wie Josef seiner ägyptischen Frau zum ersten Mal begegnet ist, bleibt völlig unserer Phantasie überlassen.

Die biblischen Erzählungen lassen also besonders viel Raum für eigene Bilder und Möglichkeiten, die Handlung aufzufassen. Dadurch fordern sie die Kreativität, Phantasie und das Interpretationsvermögen in hohem Maß heraus.

Mit Kindern die Freiräume der Erzählungen nutzen

Zwei Dinge sind es vor allem, die das Lesen von biblischen Texten mit Kindern in Gruppen so reizvoll erscheinen lassen: Zum einen verfügen Kinder über eine reiche Phantasie, zum anderen können sie ihre Bilder und Vorstellungen den anderen mitteilen und so wiederum anregend auf andere wirken.

Beim Lesen des Anfangs der Josefsgeschichte kam zunächst einmal ein Gespräch über die Frage auf, wann jemand „eine Petze" ist und wann nicht. Was ist eigentlich das Ärgerliche an jemandem, die oder der sich hinten herum direkt an die nächsthöhere Autorität wendet?

Hier kann mit der Expertise der Schülerinnen und Schüler der 5. Klasse gerechnet werden. Dieses Gespräch über eigene Erfahrungen mit Geschwistern, Mitschülerinnen und Mitschülern führte die Klasse mitten in das Kernproblem der Josefsgeschichte hinein. Warum verpfeift Josef seine Brüder bei ihrem Vater? Weil er eine Sonderrolle haben will! Weil er meint, etwas Besseres zu sein als seine Brüder! Hatte er das nicht schon durch das Herausposaunen seiner Träume zum Ausdruck gebracht? Der Ärger der Brüder ist nur allzu verständlich.

Das kennen Kinder bis heute! Es ist daher von entscheidender Bedeutung, dass sie ihre Erfahrungen austauschen und mit diesen die Lektüre anreichern können. Dies ist das „Material", aus dem die Nacherzählung und die Bilder ihren eigenen Charakter und ihre Kraft beziehen. Zugleich zeigt die biblische Erzählung Wege auf, wie sich der Streit mit Petzen steigern – aber auch wieder gelöst werden kann.

Nachdem etwa ein Kapitel auf diese Weise im Plenum besprochen wurde, sind die Schülerinnen und Schüler in Kleingruppen gegangen und haben jeweils einen kleinen Unterabschnitt gemeinsam nacherzählt.

Die Gefahr, die bei jeder Gruppenarbeit lauert: Ein Mitglied der Gruppe arbeitet, die anderen lassen mit anderen Dingen die Zeit verstreichen. Allerdings war die Atmosphäre durch die Lektüre und die Plenumsgespräche schon so mit Bildern und Ideen „aufgeladen", dass ein großes Bedürfnis bestand, die eigenen Vorstellungen mit in die Nacherzählung einzubringen. Hilfreich war auch eine genaue Aufgabenteilung: Ein Mitglied der Gruppe übernahm die Aufgabe des Schreibens, ein anderes die Aufgabe, auf die Zeit zu achten, und die anderen wurden angehalten, darauf aufzupassen, dass alle zu Wort kamen.

Es war interessant zu beobachten, wie schnell sich hier eine Art Routine einspielte.

Nun lagen die Texte in einer handschriftlichen Fassung vor. Viele Eltern waren jedoch so freundlich, diese in eine elektronische Fassung zu übertragen. Ihnen sei an dieser Stelle noch einmal herzlich gedankt!

Von da an hieß das Zauberwort „Revision". Die Schülerinnen und Schüler gingen ihre eigene Nacherzählung noch einmal Kapitel für Kapitel durch. Diesmal hatten die Kleingruppen den Text in locker gedruckter Version vor sich liegen und wurden dazu angehalten, das Segment, für das sie zuständig waren, noch einmal zu korrigieren und gegebenenfalls auch neu zu gestalten. Die Ergebnisse dieser Gruppenarbeit wurden dann wiederum dem Plenum zur Abstimmung vorgelegt.

Was dabei nun herausgekommen ist, beurteilen Sie, liebe Leserin, lieber Leser, bitte selbst. Für die Klasse war es ein Durchleben dieser alten, schönen Geschichte, die an manchen Stellen so präsent wurde, als sei sie erst gestern passiert.

Vielleicht bringt diese Nacherzählung Ihre Kinder und Sie bzw. Ihre Schülerinnen und Schüler an der ein oder anderen Stelle auf eine neue Idee oder eröffnet Ihnen hier und da eine neue Möglichkeit, die Geschichte Josefs neu zu verstehen. Und vielleicht haben Sie mit den Kindern selbst ganz eigene Einfälle, die Sie wiederum gerne mit anderen teilen möchten. Im Abschnitt „Jetzt seid Ihr dran!" ist Platz für diese eigenen Einfälle vorgesehen.

Johannes Taschner

Die bildnerische Umsetzung der Geschichte

„Beim Lesen von Geschichten entstehen innere Bilder im Kopf", sagt Johannes Taschner. Was liegt also näher, als ein im Religionsunterricht zunächst verschriftlichtes „Kino im Kopf" im Kunstunterricht zu visualisieren?

Als mein Kollege mit dieser Idee erstmals an mich herantrat, war ich dennoch zunächst skeptisch: Im Kunstunterricht sitzen die Kinder im Klassenverband, also zusammen mit Kindern anderer Konfessionen, die nicht am Entstehungsprozess der Geschichte beteiligt waren. Ich beschloss daher, den Kindern die Entscheidung über die Teilnahme an diesem fächerverbindenden Projekt selbst zu überlassen. Dafür war es erst einmal nötig, dass die evangelischen „Religionskinder" das Projekt und die dort entstandenen Texte vorstellten. Hierbei wurde mir bewusst, wie intensiv die Auseinandersetzung mit der Geschichte von Josef und seinen Brüdern im Religionsunterricht überhaupt stattgefunden hatte: Die Kinder erzählten die Geschichte so anschaulich, dass die Idee einer Umsetzung in Bildern überwiegend auf begeisterte Zustimmung stieß. Allerdings fragten sich auch einige Kinder, die nicht den Religionsunterricht von Herrn Taschner besuchten, ob ihre Bilder überhaupt eine Chance hätten, veröffentlicht zu werden. An dieser Stelle sei gesagt, dass sich auch Bilder dieser Kinder im vorliegenden Buch befinden. Ein Zwang zur Mitarbeit an diesem Projekt bestand nicht, trotzdem hat sich der komplette Klassenverband dafür entschieden.

Nun ging es also an die konkrete Umsetzung. Ich habe den Kindern im Vorfeld bewusst keine Bibelszenen anderer Künstler und Künstlerinnen gezeigt, denn ich wollte, dass die Kinder möglichst authentisch und ohne vorherige Beeinflussung ihr „Kino im Kopf" zu Papier bringen. Wir haben uns gemeinsam auf einige formale Aspekte geeinigt, nämlich das Format (DIN A4) und das Material (Buntstifte). Der Vorschlag von meiner Seite, die Bilder mit Wasserfarben in einem eher expressionistischen Stil zu gestalten, stieß auf Ablehnung. Kinder dieser Altersstufe haben vor allem ein Interesse daran, möglichst naturalistisch zu zeichnen. Da es sich schließlich um ihr Projekt handelte, bin ich diesem Wunsch nachgekommen. Zusammen sammelten wir Ideen, welche Szenen man gut bildnerisch umsetzen könnte und welche Passagen für die Geschichte besonders wichtig sind. Man kann sich leicht vorstellen, welche Szene dabei auf besondere Begeisterung stieß: Die Begegnung von Josef und Potifars Frau versetzte vor allem die Jungen in helle Aufregung. Und als es daran ging zu überlegen, wer welche Szene malen würde, schnellten hier auch die meisten Finger in die Höhe.

Die Kinder taten sich in Kleingruppen zusammen, in denen dann einzelne Passagen auf der Grundlage der im Religionsunterricht entstandenen Texte zunächst besprochen und schließlich zeichnerisch umgesetzt wurden. Es gab unter anderem eine „Potifars Frau-Gruppe", in der zunächst auch sehr eindeutige Skizzen zustande kamen, die dann, hatten sie erst einmal ihren Reiz verloren, jedoch wieder verworfen wurden. Die Arbeit an den einzelnen Szenen gestaltete sich als sehr produktiv. Besonders spannend war die unterschiedliche Umsetzung der Figur Josefs, der zum Teil so dargestellt wurde, als wäre er gerade einer Jugendzeitschrift entsprungen. Hier zeigte sich, dass ein Transfer der Geschichte in die heutige Zeit möglich ist und bei den Kindern zumindest fallweise auch geschieht. Das Ergebnis dieses fächerverbindenden Projektes halten Sie nun in Ihren Händen. Vielleicht kann es als Anregung dienen, noch stärker den Dialog zwischen den Fächern und damit die Eigenständigkeit und Kreativität der Kinder zu fördern.

Andrea Cornelius

Die
Josefsgeschichte

Josef und seine Brüder

Jakob lebte mit seiner Familie im Land Kanaan, wo schon sein Vater Isaak und sein Großvater Abraham vor vielen Jahren als Ausländer gewohnt hatten.

Dort gingen seine zwölf Söhne auf das Feld arbeiten und brachten ihm dadurch Geld ein.

Josef war 17 Jahre alt und Vaters Liebling. Er war sein kleiner Aufpasser und prüfte die Arbeit seiner Brüder nach.

Eines Tages schenkte Jakob seinem Sohn Josef ein Kleidungsstück. Es war nicht irgendein Gewand, sondern eines, das eines Königs würdig war. Dieses Kleidungsstück besaß einen mit Blättchen aus Gold und Halbedelsteinen besetzten Kragen und funkelte in der Sonne. Die Ärmel waren silbern und der Rest des Gewandes bronzefarben.

Als Josef so vor seine Brüder trat, beneideten sie ihn und hofften, auch so ein wunderschönes Kleidungsstück zu bekommen.

Doch es geschah nichts.

Ich wünste ich hätte auch so ein Gewand
Oh!!! Das ist ja schön
Ich finde es ist voll süß fieß von Vater!!
Ja echt ich will auch so eins!!!...?

„Ich habe einen Traum gehabt!", platzte es eines Tages aus Josef heraus.

Seine Brüder blickten ihn finster an: Josef sollte lieber still sein.

Aber er ließ sich nicht aus der Fassung bringen: „An einem goldenen Herbsttag bei unserer Getreideernte banden wir die Garben.

Plötzlich fiel vom Himmel ein heller Sonnenstrahl direkt auf meine Garbe. Da richtete sie sich auf und reckte sich kerzengerade zum Himmel empor!

Eure Garben dagegen bildeten einen Kreis um meine Garbe und warfen sich vor ihr auf den Boden. Das war ein tolles Bild!", schwärmte er.

Einige Tage später ging es wieder los.

„Ich habe schon wieder einen Traum gehabt, kommt alle her und hört!", rief Josef.

Seine Brüder stöhnten.

Doch Josef begann: „Ich habe geträumt, dass ich Nachtwache bei den Tieren hatte. Die Erde bebte und zitterte.

Da erfasste mich ein Lichtstrahl und ich wurde von ihm in den Himmel getragen. Plötzlich tauchten die Sonne, der Mond und elf matt leuchtende Sterne vor mir auf. Sie standen im Dunkeln, aber ich schwebte in einer Lichtsäule.

Ich schwebte dann noch ein bisschen höher. Ich konnte alles überblicken. Ich stieg höher und höher. Alle Gestirne haben sich ehrfurchtsvoll vor mir verbeugt."

Die Brüder schäumten: „So etwas träumst du! Möchtest du uns wirklich beherrschen? Sag es uns! Sollen wir uns vor dir verbeugen? Wenn es so ist, dann geh uns aus den Augen, Herr Möchtegernkönig!"

Eines Tages schickte Jakob seinen Liebling Josef zu den Brüdern, die an einem anderen Ort die Herden hüteten. Als die Brüder Josef von weitem kommen sahen, sagte Levi: „Seht mal, unser Vatersöhnchen kommt!"

Juda meinte schnell: „Er erzählt uns sicher wieder von seinen Träumen! Er nervt einfach. Wir müssen ihn irgendwie verschwinden lassen, am besten, ohne uns die Hände dabei schmutzig zu machen."

„Vielleicht könnten wir es so aussehen lassen, als ob ein Tier ihn getötet habe", sagte Simeon.

Ruben fand diese Ideen nicht so toll, denn ihm tat Josef leid. Außerdem war er, Ruben, der älteste Bruder. Damit trägt man immerhin eine Verantwortung, gerade für die jüngeren Geschwister.

Josef kam also immer näher. Er war nur noch wenige Meter entfernt. Schnell sagte Ruben: „Warum sperren wir ihn nicht in einen leeren Wasserspeicher?"

„Stimmt, wir können ihm nicht derart an die Gurgel springen. Machen wir es so, das ist eine gute Idee, Brüder!", bestimmte Juda. Ruben war erleichtert, dass die anderen auf ihn gehört hatten.

Josef war jetzt bei seinen Brüdern angekommen und sagte: „Hallo! Ich wollte nachsehen, ob alles bei euch in Ordnung ist." „Ja, alles ist gut, nur fragen wir uns, warum du nicht auch mal auf die Schafe aufpasst. Immer müssen wir die ganze Drecksarbeit machen!", rief Juda. Jetzt redeten die Brüder alle durcheinander und schrien: „Ja, das stimmt, du bist Vaters Liebling. Wir werden vernachlässigt!"

Ruben sagte nichts, aber er merkte, dass seine Brüder Recht hatten und die Idee mit dem Wasserspeicher fand er auf einmal richtig gut. Er packte Josef zuerst, die Brüder halfen ihm sofort. Sie rissen Josef sein schönes Kleid vom Leib und warfen ihn nackt in den Speicher.

Levi rief: „Kommt, Brüder, wir essen ein Festmahl!"

Alle waren einverstanden und sie gingen zurück zu ihrem Lager.

Die Brüder aßen und schmatzten, nur Ruben machte sich langsam Sorgen um Josef, stand auf und ging alleine ein wenig weg vom Lager seiner Brüder. Er wollte Josef heimlich aus dem Loch ziehen, wenn es niemand merkte.

Doch währenddessen war schon eine Karawane vorbeigekommen, die auf dem Weg nach Ägypten war.

Die Händler hatten Josef gefunden und ihn aus dem Loch gezogen. Der hatte verzweifelt gefragt: „Was macht ihr mit mir? Ich habe nichts getan!"

Einer der Männer hatte mit rauer Stimme geantwortet: „Schon einmal etwas von Menschenhandel gehört? Du kannst froh sein, dass wir dich vor dem sicheren Tod errettet haben. So kannst du wenigstens ein wenig länger leben. Und jetzt halt die Klappe!"

Die Männer waren zum Lager der Brüder gegangen und hatten gefragt: „Was wollt ihr für den Sklaven hier?"

„16 Silberstücke, nicht mehr. Er ist also ein Schnäppchen!", hatten die Brüder geantwortet.

Die Händler waren einverstanden gewesen, hatten den Brüdern das Geld gegeben und Josef mit nach Ägypten genommen.

Inzwischen hatte sich Ruben außerhalb des Lagers zum Schlafen gelegt. Er hatte von dem Verkauf nichts mitbekommen.

Er träumte, dass ein Engel zu ihm käme und sagte: „Pass gut auf deine Brüder auf, denn dein Vater wird die Wahrheit irgendwann herausfinden."

Da wachte Ruben auf und dachte über seinen Traum nach. Rasch rannte er zum Wasserspeicher und sah, dass er leer war.

Ruben lief zu seinen Brüdern und schrie: „Josef ist weg!"

Die Brüder guckten ihn schräg an. „Was du nicht sagst!", riefen sie. „Was sollen wir nur machen? Wir können niemals unserem Vater ohne Josef unter die Augen treten!", klagte Ruben.

Da hatten sie alle zusammen eine Idee: Sie schlachteten einen Ziegenbock und tauchten Josefs Gewand in das Blut. Dann machten sie sich auf den Weg nach Hause zu ihrem Vater und erzählten ihm, dass Josef von einem wilden Tier gefressen worden sei.

Das glaubte der Vater, sprach kein Wort und trauerte viele, viele Tage lang.

Nachts, als er im Bett lag, überlegte er, wie das hatte passieren können, dass sein Lieblingssohn tot war.

Zu der Zeit war Josef gerade in Ägypten angekommen. Auf dem Weg dorthin hatte er sich den Kopf zerbrochen, warum seine Brüder ihn verkauft hatten. Außerdem hatte er darüber nachgedacht, ob sein Vater Jakob sich jetzt, wo er weg war, einen neuen Lieblingssohn suchen würde. Ägypten war fremd für Josef. Die Männer hatten keine Bärte. Seinesgleichen wurden dort als Sklaven verkauft und verachtet. Josef wuchs also heran und wurde ein hübscher junger Mann. Er lebte im Hause Potifars. Der war einer der wichtigen Leute des Pharaos und lebte in dessen Nähe auf einem großen Hof mit einem Teich, in dem die teuersten Fische schwammen. Potifar behandelte Josef gut. Auch Gott war auf Josefs Seite und ließ ihm alles gelingen, deshalb bekam er bedeutende Aufgaben von Potifar zugeteilt.

Alle mochten Josef und Potifars Frau wollte sogar mit ihm schlafen. Doch irgendwann merkte sie, dass Josef nichts für sie empfand. Außerdem interessierte sich ihr Mann Potifar nur noch für Josef. Da schrie sie vor Wut und Verzweiflung: „Morgen werde ich mich an ihm rächen und ich habe schon einen Plan." Am nächsten Nachmittag war Potifar bei einer Besprechung mit dem Pharao und seine Frau wartete schon darauf, dass Josef mit der Arbeit fertig würde. Erschöpft kam Josef die Treppe herunter und sah Potifars Frau in einem goldenen Gewand an der Treppe stehen. Sie bettelte Josef an: „Schlaf bitte mit mir!" Doch Josef machte kehrt und ging. Am frühen Abend, als es noch hell war, kam Potifars Frau noch einmal zu Josef und wiederholte ihre Aufforderung. Doch Josef weigerte sich erneut. Da ließ sie ihr Gewand auf den Boden gleiten, stand nackt vor Josef und riss auch Josef seine Tunika vom Leib.

Als Josef wegrannte, schrie Potifars Frau: „Alle herkommen, dieser Verräter namens Josef hat mir befohlen, dass ich mit ihm schlafen muss." Josef wurde gesucht und schließlich weggesperrt. Tief in der Nacht kam Potifar nach Hause, hörte, was geschehen war,wurde wütend auf Josef und war zugleich enttäuscht von ihm. Er wusste ja nicht, was seine Frau in Wirklichkeit getan hatte.

Nun saß Josef im Gefängnis. Sehr schnell war er auch hier ein berühmter und beliebter Mann, weil er Träume deuten konnte.

Eines Tages kam ein Bäcker in die Zelle neben ihm und sie freundeten sich an. Josef fragte den Bäcker, warum er ins Gefängnis gekommen sei. Der Bäcker antwortete: „Weil ich auf einer Kamelfarm ein Kamel geklaut habe."

Eine Woche nachdem der Bäcker in die Zelle neben Josef gekommen war, hatten zwei Gefangene – ein ehemaliger Mundschenk des Pharao und der Bäcker – denselben Traum.

Als sie aufwachten, erzählten sie Josef davon.

Josef überlegte kurz, dann sagte er zum Mundschenk: „Gott lässt mich deinen Traum erklären, der bedeutet, dass du wieder zum Mundschenk des Pharao wirst, aber der Bäcker sterben muss."

Schon kamen die Wachen und erhängten den Bäcker.

Die Diener des Pharao erschienen kurz darauf und sagten: „Du bist doch der ehemalige Mundschenk. Ab jetzt bist du der persönliche Mundschenk des Pharao. Herzlichen Glückwunsch!"

Josef sagte: „Wenn du beim Pharao am Hof bist, sorge bitte dafür, dass ich hier rauskomme!"

Der Mundschenk versprach es ihm.

Zweieinhalb Jahre später ...

Nachdem der Mundschenk seinem Herrn beim Abendessen ein letztes Glas Wein gebracht hatte, ging der Pharao zu Bett.

In der Nacht hatte er einen unverständlichen und sinnlosen Traum. Er hatte schon viel Verrücktes geträumt, doch dieser Traum war etwas Besonderes. Was genau, wusste er nicht, doch um das herauszufinden, rief der Pharao am kommenden Tag alle Wahrsagerinnen und Traumdeuter zusammen.

Doch niemand konnte ihm den Traum deuten.

Am Abend, als wie gewohnt der Mundschenk kam, sprach der Pharao: „Ich weiß nicht mehr, was ich tun soll. Ich muss den Traum unbedingt entschlüsseln. Kannst du mir vielleicht helfen?"

„Ja, ich weiß, wie man Euch helfen kann, Größter. Seit langer Zeit sitzt ein hebräischer Sklave im Gefängnis. Warum, weiß ich auch nicht genau. Auf jeden Fall kann er euch den Traum deuten!", antwortete der Mundschenk.

„Naja, wenn du meinst. Hol ihn. Ich muss wissen, was hinter diesem Traum steckt."

Der Mundschenk machte sich auf den Weg zum Gefängnis. Nach drei Tagen kam er an. Josef traute seinen Augen nicht. Doch nach einer Sekunde realisierte er, wer da stand. Beide fielen sich in die Arme.

Der Mundschenk sagte: „Es tut mir leid, dass es so lange gedauert hat."

Josef antwortete: „Ich wusste, dass du noch kommst. Gott hat mir die Hoffnung gegeben, weiter nach vorne zu schauen."

„Ich bin im Auftrag des Pharao hier. Er hatte einen Traum, doch niemand konnte ihn deuten. Du bist seine letzte Hoffnung", erklärte der Mundschenk.

Josef sprach: „Danke, dass du mich herausholst. Ich werde dem Pharao auf jeden Fall seinen Traum deuten."

Als die beiden sich auf den Weg machten, gingen Josef viele Gedanken durch den Kopf: „Erst war ich ganz oben, dann wurde ich von meinen Brüdern ins Loch geworfen und verkauft. Danach kam ich zu Potifar und war wieder ganz oben, aber dann warf mich Potifars Frau erneut nach unten. Und jetzt bin ich wieder auf dem Weg nach oben. Verrückt! Was hat Gott nur mit mir vor?"

Als der Mundschenk und Josef beim Pharao ankamen, sprach der Mundschenk zum Pharao: „Hier ist dein Traumdeuter."

Darauf erzählte der Pharao: „Ich hatte zwei komische Träume und mir wurde gesagt, du wärst ein Gelehrter, der ohne Bücher und Pergamente meine Träume deuten kann! Hilf mir! Als Gegenleistung lasse ich dich aus dem Gefängnis frei und du erhältst alles, was du willst, außer meinem Thron!"

Josef sagte, wie damals zu dem Mundschenk und dem Bäcker: „Das Deuten der Träume ist Gottes Sache, er hat die Macht über eine Kraft, die mir das Deuten ermöglicht. Ich will versuchen, dir zu helfen!"

Der Pharao erzählte seinen Traum:

„Ich war am Nil. Auf einmal stiegen stolz sieben fette Kühe aus dem Nebel auf und fraßen das grünste, saftigste und schönste Gras am Ufer.

Nachdem sie gefressen hatten, traten sieben weitere Kühe aus dem Nebel.

Sie waren aber verkümmert und mager. Anstatt des Grases fraßen sie die fetten Kühe. Sie wurden trotzdem nicht dicker.

In meinem zweiten Traum war ich auf einem großen Feld. Darauf standen jedoch nur sieben volle, prächtige Ähren.

Dann kam ein heftiger Wind auf und mit ihm flogen sieben dürre, hässliche, ungenießbare Ähren. Die sieben schlechten Ähren begruben die sieben guten Ähren unter sich. Dann wachte ich auf."

Josef sagte: „Deinen Traum hat dir Gott geschickt, er sagt dir damit, was er tun wird. Mit deinem Traum meint er, dass sieben Jahre mit guten Ernten kommen werden. Danach werden sieben schlechte Jahre kommen. Dein Volk wird dann hungern müssen. Ich schlage dir vor, um eine Hungersnot zu verhindern, jemand Wichtiges einzustellen, der in den sieben guten Jahren von jedem Bauern ein Fünftel seiner Ernte einsammelt. Das soll im Kornspeicher gelagert werden. In den schlechten Jahren soll dieses Korn dann verkauft werden. So kannst du verhindern, dass dein Volk stirbt."

Der Pharao glaubte daran, was Josef sagte, und fragte: „Gibt es jemand Schlaueren als dich? Hiermit nehme ich dich!" Während er dies sagte, gab er ihm einen goldenen Ring. So wurde Josef eingestellt. Er verstand allerdings nicht, was er in Zukunft arbeiten sollte!

Als er in den Palast des Pharao eintrat, sah er eine hübsche Frau. Der Pharao überraschte Josef: „Das wird deine neue Frau werden. Sie heißt Asenat. Euer Haus ist nebenan. Ich führe euch hin." Der Pharao, Asenat und Josef gingen zu ihrem neuen Haus. Es war sehr groß und schön. Der Pharao meinte zu Josef: „Ich muss jetzt wieder zur Arbeit!" Josef ging mit Asenat ins Haus und sie schauten sich um. Josef sagte dann: „Ich heiße übrigens Josef."

Josef betrachtete das Haus und dachte daran, wie es im Gefängnis gewesen war und wie anders jetzt. Er war sehr froh darüber, dass er jetzt in einem schönen Haus wohnte. Das war sehr angenehm. Es wurde langsam immer dunkler und die Nacht brach an. Asenat sagte zu Josef: „Gute Nacht, ich werde schon einmal schlafen gehen!"

Als Josef allein war, betete er zu Gott und sagte zu ihm: „Danke, lieber Herr, ich wusste, dass Du mich rettest!" Als er fertig war, ging er ins Schlafzimmer, legte sich neben Asenat und fragte sie, an welchen Gott sie denken würde. Asenat sagte: „Ich glaube an viele Götter! Und du, an welchen Gott glaubst Du?" Josef antwortete: „Ich glaube an den Gott meines Vaters und meines Großvaters. Ich bete jeden Tag und er hat mich nie im Stich gelassen." Sie redeten fast die ganze Nacht über Götter und kamen sich immer näher. Als morgens der Hahn krähte, sagte Josef zu Asenat: „Ich komme erst spät wieder und ich wollte dir noch sagen, dass ich Dich liebe!" Als Asenat das hörte, lächelte sie und meinte: „Ich liebe Dich auch!" Josef trat näher an Asenat heran und küsste sie. Dann ging er. Asenat hatte sich schon am Abend in ihn verliebt, sie war deshalb sehr glücklich.

Josef ging zum Palast des Pharao und fragte: „Was soll ich tun? Soll ich Kisten schleppen?"

Der Pharao schaute ihn fassungslos an und sagte: „Du sollst den obersten Posten bekommen. Du wirst Aufseher über Ägyptens Getreidevorräte und von nun an Zafenat Paneach heißen."

Als Josef das hörte, war er sehr glücklich. Er dachte: „Endlich hat mein Leben wieder einen Sinn!"

In den sieben guten Jahren sammelte Josef von all den Menschen ein Fünftel der Ernte ein.

Allerdings gab es bei einem Bauern ein Problem: Josef musste ihm erst erklären, dass es zum Wohle des Volkes sei, diesen Beitrag einzufordern.

„Die nächsten sieben Jahre sind nämlich Hungerjahre", sagte Josef voraus. „Wenn du nichts abgibst, wirst du in den nächsten Jahren hungern und auch keine Unterstützung von den anderen Bauern bekommen."

Da ließ sich der Bauer überzeugen.

Josef war erfolgreich. Alle Einwohner Ägyptens akzeptierten ihn, denn sie fanden seine Ideen sehr gut. Außerdem hatte der Pharao bisher nicht so gute Ideen gehabt.

In den Speichern war nun so viel Getreide wie Sand am Meer.

Noch in den guten Jahren brachte Asenat zwei Kinder zur Welt: Efraim und Manasse.

Mehl
Getreide
Mehl
Getreide

Dann kamen die mageren Jahre. Die Sonne brannte vom Himmel und weit und breit fiel kein Tropfen Regen.

Jetzt öffnete Zafenat Paneach – also Josef – die Scheunen. Erst kamen nur die Ägypter, dann kamen auch andere Leute von weither. Sie hatten gehört, dass es in Ägypten noch viel Getreide gab.

An einem Tag, an dem es der Erde besonders schlecht ging, kamen auch Josefs Brüder nach Ägypten. Sie hatten Hunger. Jakob hatte sie geschickt, nur Benjamin, den Jüngsten, hatten sie nicht mitgenommen. Als sie den riesigen Speicher gefunden hatten, standen viele bewaffnete Soldaten vor dem Eingang. Dahinter sah man unglaubliche Massen an Menschen aus wildfremden Ländern.

Ein wildes Gedränge umgab einen Mann namens Zafenat Paneach. Sie gingen zu ihm hin und warfen sich vor ihm auf die Knie: „Herr, gib uns doch bitte für dieses Geld etwas von deinem Getreide.“

Josef, der seine Brüder nicht vergessen, sondern gleich erkannt hatte, behandelte sie trotzdem wie Fremde: „Woher kommt ihr?“, fragte er. Die Brüder antworteten: „Wir kommen aus Kanaan. Wie wir schon sagten, möchten wir Getreide kaufen. Wir haben Hunger.“

Josef sagte nun: „Wenn ich so gnädig wäre und euch Getreide verkaufen würde, ich wäre wohl dumm! Ihr wollt mich doch reinlegen! Lügner, seid ihr, elende Lügner. Ihr solltet Euch schämen zu mir zu kommen. In Ägypten brauchen wir so ein Gesindel wie euch nicht.“

Die Brüder waren verzweifelt: „Nein, Herr, wir sind keine Lügner. Wir sind Leute, die nichts von Lügen halten. Wir sind eigentlich zwölf Brüder, aber der Jüngste musste zu Hause bleiben und einer ist nicht mehr da. Glaub uns!“

Josef sagte: „Gut, ich mache euch einen Vorschlag. Packt eure Vorräte und zieht nach Hause, um mir euren jüngsten Bruder zu bringen. Als

MEHL

Pfand lasst mir einen von euch da. Wenn ihr dies tut, werde ich euch leben lassen! Ich werde dann feststellen, ob ihr Lügner seid."

„Ja", sprachen alle wie aus einem Munde.

Mit Tränen in den Augenwinkeln gaben sie Simeon ab. „Irgendwann musste es ja so kommen", waren sich alle einig. „Es geschieht uns ganz recht: Unser Bruder Josef flehte uns damals an, als er Angst um sein Leben hatte, aber wir erhörten ihn nicht. Bestimmt ist es sein Schicksal, das uns jetzt trifft!"

Als Josef das hörte, fing er an zu weinen. Rasch drehte er sich um, damit seine Brüder es nicht sahen. Dann ließ er Simeon einsperren.

Die anderen machten sich auf den Heimweg, um schnellstmöglich ihren Bruder aus dem Gefängnis zu holen.

Als am Abend einer der Brüder am Lager einen Futtersack öffnete, um seinen Esel zu versorgen, sah er darin einen Beutel mit Silbergeld. Josef hatte nämlich einem seiner Diener aufgetragen, das Geld für das Getreide wieder zurückzulegen.

Sie bekamen Angst und fragten sich, ob Gott noch bei ihnen war.

Als die Brüder wieder zu Hause bei Jakob waren, erzählten sie von Zafenat Paneach und den Forderungen, die er stellte. Da wurde Jakob wütend.

Er jammerte: „Ich wünschte, es hätte euch nie gegeben, ihr nehmt mir all meine liebsten Söhne. Wenn ihr mir jetzt noch Benjamin nehmt, bin ich tot."

„Ruben! Hol mal etwas Getreide, damit ich Brot backen kann!"

„Gut, Vater, ich gehe in den Vorratskeller."

Ruben stieg die Stufen hinunter und als er wieder hoch kam, machte er ein Gesicht wie sieben Tage Regenwetter. Dabei hatte die letzte Woche die Sonne geschienen – wie immer in den letzten Jahren.

„Vater, ich war unten im Keller ...", erklärte er. Aber da unterbrach ihn Jakob: „Ja, und was war da?"

„Wir haben kein Getreide mehr!", sagte Ruben.

„Na dann, warum zieht ihr nicht los?"

„Aber Vater, du weißt doch warum! Benjamin!", mischte sich Juda ein.

„Ja, ihr macht mich zum verwaisten Vater, wenn ihr Benjamin mit-nehmt." „Nein, das tun wir eben nicht, denn wir alle bürgen dafür, dass wir mit Benjamin wiederkommen. Dann hast du nur einen Sohn verloren! Wenn du Benjamin mitziehen lässt, bekommst du Simeon und Benjamin wieder."

„Und woher weiß ich, dass ihr mir meine Söhne sicher wieder zurück-bringt? Es könnte alles Mögliche passieren."

„Vater, ich bürge mit meinem Leben dafür, dass Benjamin wieder zu-rückkommt. Glaub mir!", versicherte Juda.

„Glaub uns doch", stimmten außer Benjamin alle Brüder ein.

Jakob rief: „Mach ich doch!"

Die Brüder nahmen Proviant mit und sattelten ihre Kamele. Dann zogen sie gemeinsam mit Benjamin los und sangen.

Nach ein paar Wochen waren sie wieder an den Scheunen in Ägypten. Zu ihrem Erstaunen wurden sie von Zafenat Paneachs Dienern sehr freundlich aufgenommen.

Man bat sie, doch gleich in den Palast zu kommen, um gemeinsam zu essen. Die Brüder wurden in einen großen Festsaal geführt, in dem ein großer, mit vielen Speisen gefüllter Tisch stand.

Dann kam Zafenat Paneach herein und begrüßte sie freundlich. Simeon war bei ihm. Die Brüder freuten sich sehr, ihn wiederzusehen. Zafenat Paneach bat sie, alle am Tisch Platz zu nehmen.

Beim gemeinsamen Essen merkten die Brüder nicht, dass Josef mit ihnen an einem Tisch saß. Allerdings bemerkten sie, dass sie in der Reihenfolge saßen, wie sie geboren wurden.

Der Älteste wunderte sich: „Komisch, wir alle sitzen in der gleichen Reihenfolge wie damals, mit Josef, zu Hause."

Ein anderer bemerkte: „Wieso sitzen wir überhaupt hier und essen mit dem großen Zafenat Paneach? Da stimmt doch etwas nicht!"

Und Benjamin überlegte: „Ich werde wie zu Hause verwöhnt. Alles ist wie früher, nur Vater und mein Bruder Josef fehlen."

Aber sie schöpften trotzdem keinen Verdacht.

Nach einigen Tagen luden die Brüder das Getreide auf ihre Esel und Kamele und machten sich auf den Weg nach Hause zu ihrem Vater. Josef ließ aber heimlich seinen Silberbecher in einen von Benjamins Getreidesäcken legen.

Als sie schon weit gekommen waren, holte sie ein Diener von Zafenat Paneach ein und beschuldigte die Brüder: „Ihr habt meinem Herren den Silberbecher geklaut!" „Das kann gar nicht sein!" antworteten diese. „Warum sollten wir das getan haben? Zafenat Paneach war doch so gut zu uns." Doch der Diener blieb hart: „Ihr kommt jetzt wieder mit mir mit, und zwar sofort!"

Als sie wieder im Palast waren, trat Zafenat Paneach vor die Brüder und sagte: „Öffnet eure Getreidesäcke! Derjenige, bei dem ich meinen Silberbecher finde, der bleibt sein Leben lang hier in Ägypten als Sklave!" Bereitwillig öffneten die Brüder ihre Getreidesäcke. Als Benjamin an der Reihe war, lag der Silberbecher obenauf. Das Entsetzen war groß.

Zafenat Paneach, also Josef, sagte: „Warum habt ihr das gemacht? Glaubt ihr wirklich, mich betrügen zu können? Benjamin wird mein Sklave. Das habt ihr jetzt davon!" Nun kam Juda zu ihm: „Mein Herr, tut das nicht. Unser Vater würde tot umfallen, wenn wir ohne Benjamin zurückkommen. Zuerst wollte er Benjamin gar nicht mitgehen lassen. Ich könnte das Leid nicht mit ansehen, wenn ich unserem Vater erzählen müsste, dass Benjamin in Ägypten als Sklave festgehalten wird. Nimm mich anstatt Benjamin. Nimm mich als deinen Sklaven!"

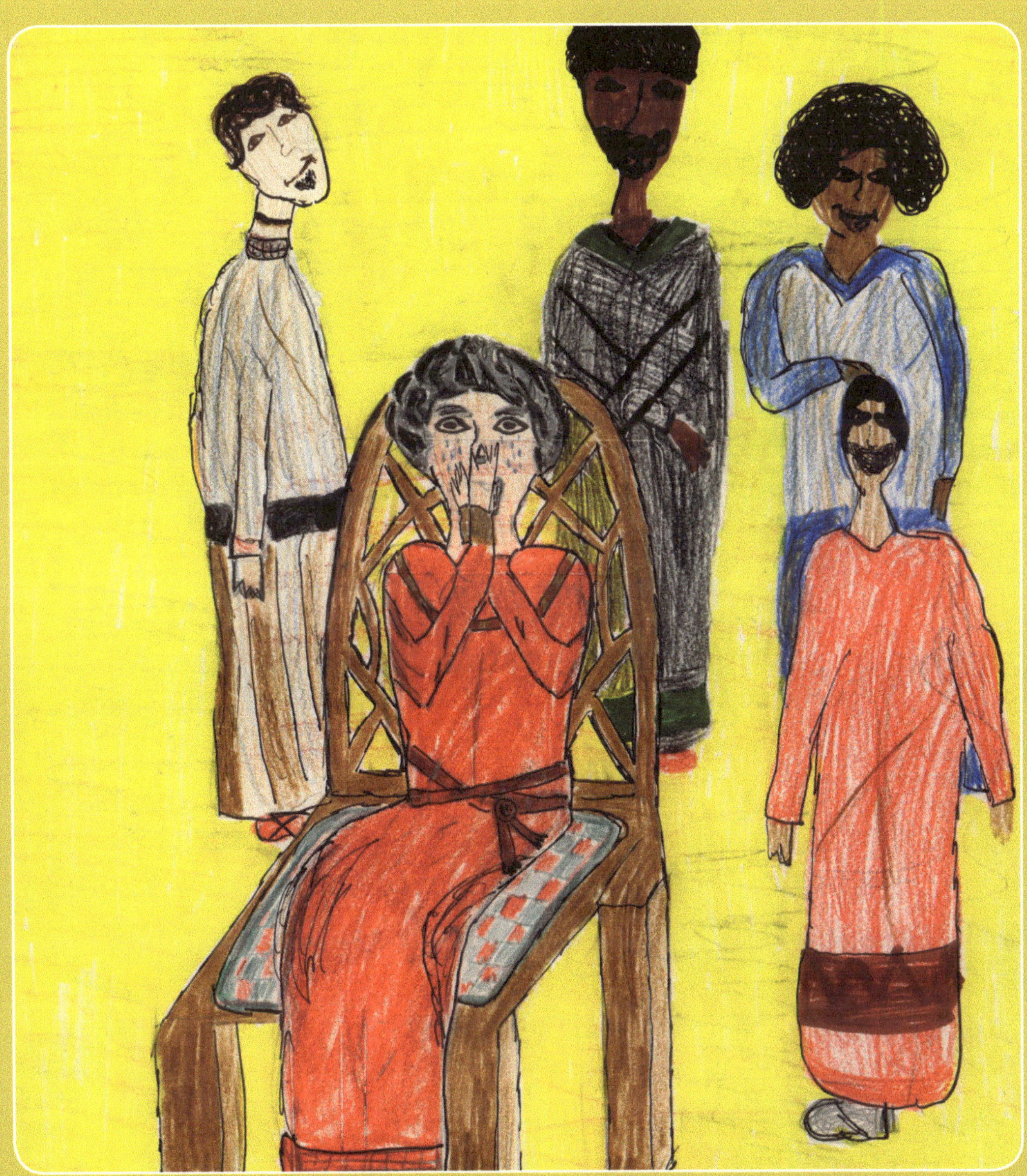

„Alle raus, nur die Hebräer bleiben hier!", schrie Josef den Dienern zu. Er konnte es nicht länger aushalten.

Dann war er endlich mit den Brüdern allein, und es brach aus ihm heraus: „Ich bin Josef! Lebt mein Vater noch?"

Die Brüder waren erschrocken und staunten ihn mit großen Augen an. Ruben fragte: „Warum sollten wir dir das glauben? Wir dachten, du bist tot!"

Die anderen Brüder fragten: „Wie bist du aus dem Brunnen herausgekommen? Und wie bist du dann Verwalter des Pharao geworden?"

„Gott wollte es, dass es so gekommen ist. Die Hungersnot wird noch lange dauern. Gott hat mich hierher geschickt, damit ich für euch sorge." Als die Brüder alles gehört hatten, waren sie erstaunt: „Josef, verzeih uns, dass wir damals so gemein zu dir waren, aber dank uns bist du jetzt reich."

„Wie könnt ihr euch erlauben, so etwas zu sagen? Ich ganz allein war derjenige, der es so weit geschafft hat", erklärte Josef.

„Entschuldigung!", sagten die Brüder und umarmten ihn.

„Meine Brüder!", dachte sich Josef. Er befahl: „Brecht auf und berichtet unserem Vater alles. Sagt ihm, er soll nach Ägypten kommen, und richtet ihm aus, dass ich ihn sehr lieb habe."

Schnell machten sich die Brüder gemeinsam auf den Weg nach Hause zu ihrem Vater.

Als sie ihn sahen, riefen sie schon von weitem: „Josef lebt! Josef, dein Sohn, lebt!"

Jakob konnte es zunächst gar nicht fassen und sagte dann: „Ich will nach Ägypten und ihn mit eigenen Augen sehen."

So brach Jakob nach Ägypten auf mit all seinen Kindern und Enkelkindern. Als Josef hörte, dass sein Vater an der Grenze war, lief er ihm entgegen. Sie fielen sich in die Arme. Beide weinten vor Freude. Jakob und seine Familie blieben für den Rest ihres Lebens in Ägypten.

Als Jakob nach Jahren starb, weinten die Ägypter 70 Tage lang. Durch ihre Tränen kam neues Wasser auf die Felder und sie mussten sich keine Gedanken mehr über die Hungersnot machen.

Zwei Tage nach dem Tod Jakobs ließ der Pharao Josef holen: „Was willst du von mir?", fragte Josef. „Ich bin noch tief in der Trauer um meinen Vater versunken." „Ich möchte mit dir darüber sprechen, wie Jakob beerdigt wird!", sagte der Pharao.

Josef sagte: „Wir haben ihm versprochen, dass er im Grab Machpela in Kanaan beerdigt wird." Der Pharao erwiderte: „Er hat einen Teil seines Lebens hier in Ägypten verbracht, er ist hier gestorben, also wird er auch hier beerdigt. Wie ein Pharao."

Josef aber gab nicht auf: „Wir haben ihm versprochen, ihn in dem Land zu beerdigen, das Gott uns versprochen hat. Meine Brüder werden ihn morgen hinbringen und ihn dort beerdigen."

Josef ging, ohne ein weiteres Wort gesagt zu haben. Die Brüder brachen am nächsten Morgen auf und beerdigten Jakob in dem Grab, das Abraham gekauft hatte. Als sie zurückkehrten, bekamen sie Angst. Was wäre, wenn Josef es ihnen heimzahlen und sich rächen würde, jetzt wo der Vater tot war! Sie wandten sich an Josef, knieten vor ihm nieder, küssten seine Füße und sagten: „Nimm uns als Diener, lebe deine Rache aus!"

Doch er antwortete: „Ich habe euch verziehen und Gott hat euren Plan zum Guten gewendet. So will ich, dass ihr von nun an bei mir lebt und mächtig werdet. Ihr könnt mit euren Familien hier leben."

Da atmeten sie alle auf.

Platz für eigene Gedanken ...

Jetzt seid ihr dran!

Vorbemerkung für Kinder

Nachdem du nun unsere Josefsgeschichte gesehen und gelesen hast, möchten wir dich einladen, dir selbst zur Handlung Gedanken zu machen. Dazu haben wir interaktive Arbeitsblätter zusammengestellt. Vielleicht möchtet ihr zusammen auf der Grundlage eurer Überlegungen eine moderne Josefsgeschichte aufschreiben oder sie als Theaterstück spielen?

Die folgenden Seiten sind natürlich nicht wie ein „Kochrezept" zu verstehen. Das heißt, du musst nicht jeden Schritt exakt ausführen. Es sollen nur Ideengeber sein. Vielleicht hast du ja auch ganz eigene Vorstellungen und Einfälle – immer her damit!

Wenn du mehr Platz brauchst als im Buch vorgesehen, benutze weitere Blätter für deine Aufzeichnungen und Skizzen bzw. Bilder.

Vorbemerkung für Erwachsene

Nach Ihrer Lektüre der Josephsgeschichte möchten wir Sie einladen, sich von der Handlung inspirieren zu lassen. Dazu haben wir Tipps und Anregungen für eine Schreib- und eine Theaterwerkstatt zusammengestellt, die Sie beispielsweise in einer Klasse, einer Pfadfindergruppe oder bei vielen anderen Gelegenheiten verwenden können.

Die folgenden Seiten sind nicht als zwingende „Gebrauchsanweisung" geschrieben, sondern dienen ebenso als Steinbruch, um Ihre Ideen und Gedanken anzuregen.

Unsere Anregungen sind direkt für Kinder gedacht und darum auch so geschrieben. Gleichwohl finden sich darin viele wichtige Hinweise für Ihre pädagogische Arbeit.

 # Schreibwerkstatt

Seit es die Bibel gibt, wird sie nacherzählt und somit der jeweils eigenen Zeit zugänglich gemacht. Wir tun also nichts Verbotenes, wenn wir uns der biblischen Geschichten annehmen und sie vor dem Hintergrund unseres eigenen Lebens betrachten. Im Gegenteil: Wir stehen damit sogar in einer langen und guten Tradition!

In unserer Schreibwerkstatt soll es darum gehen, die Josefsgeschichte heute, in der Gegenwart, spielen zu lassen.

Aber kann das, was von Josef und seinen Brüdern erzählt wird, heutzutage überhaupt noch passieren? Würde Josef seinen Vater heute nach der Verschleppung nicht einfach am Handy anrufen und sagen: „Hallo Papa, mir geht's gut!" Dann wäre doch die ganze Pointe der biblischen Josefsgeschichte verdorben: das Wiedersehen nach vielen, vielen Jahren; das Nichterkennen; die Probe, auf die Josef seine Brüder stellt – all das wäre gar nicht möglich.

Auf der anderen Seite hat so eine Übertragung in unsere Gegenwart auch ihren ganz großen Reiz: Die Josefsgeschichte verliert dann ihren märchenhaft-entrückten Charakter und wir merken, dass sie Themen anspricht, mit denen wir uns immer noch tagtäglich auseinandersetzen.

Wer kennt sie nicht, die Eifersucht, die aufkommt, wenn Eltern eines ihrer Kinder einfach bevorzugen? Was machen wir mit Leuten, die sich einfach ständig – mit was auch immer – in den Mittelpunkt der Aufmerksamkeit katapultieren? Da fällt uns doch sofort ein Beispiel ein, oder? Und diese Erfahrungen können wir dann ganz unmittelbar in unsere moderne Fassung der Josefsgeschichte einbauen. Es sollte dabei nicht darum gehen, möglichst nahe am biblischen Text zu „kleben".

Keine Sorge! Die Josefserzählung ist ein richtig guter Text, der es aushält, wenn er ein wenig gewendet, gebogen oder gedreht wird. Auch die ein oder andere Hinzufügung kann gar nicht schaden.

Wichtig ist nur, dass der Handlungsfaden insgesamt im Blick bleibt und nicht irgendwo abreißt. Dann nämlich wäre die Gefahr schon groß, dass du dich irgendwo in der Wüste zwischen dem Sinai und dem Nil wiederfindest.

Wenn aber die Geschichte selbst so etwas wie ein Kompass bleibt, dann sind es gerade deine eigenen Ideen, die die Erzählungen um Josef zu „deiner" Geschichte machen!

Darum: Bevor du dich an das Nacherzählen machst, kann es sinnvoll sein, erst einmal einige deiner Erfahrungen und Lebenswelten wachzurufen.

Diese Erinnerungen und Bezüge sind dann so etwas wie das "Rohmaterial", aus dem du deine eigene Josefsgeschichte formen kannst.

A. Gestern und heute: Die Parallelen aufspüren

 Arbeitsblatt 1

Jakob hat zwölf Söhne. Josef, den zweitjüngsten, mag er besonders. Und nicht nur das: Er liebt ihn sogar mehr als jeden anderen seiner Söhne. Deshalb schenkt er ihm ein kostbares Festgewand.

Den Brüdern bleibt das nicht verborgen.

1. Fallen dir Beispiele ein, wo jemand bevorzugt wird?

Schreibe eines davon – aus dem Freundeskreis / aus der Schule / aus dem Verein / aus der Familie – auf. Bitte achte darauf, dass sich keine der anwesenden Personen durch deine Geschichte verletzt fühlt!

2. Überlege, welche Folgen diese Ungerechtigkeit haben kann!

a) Mögliche Folgen für die Person, die bevorzugt wird:

b) Mögliche Folgen für die Person, die jemand anderen bevorzugt:

c) Mögliche Folgen für die Person(en), die benachteiligt werden:

3. Welche Auswege aus dieser verfahrenen Situation fallen dir ein? Verfasse einen Brief an eine der beteiligten Personen!

Arbeitsblatt 2

Josef und seine Brüder müssen das Vieh ihres Vaters Jakob hüten. Sie sind dann manchmal tage- und wochenlang unterwegs. Immer wenn sie zurückkommen, teilt Josef seinem Vater mit, wenn seine Brüder schlecht über ihn geredet haben.

1. Beziehe Stellung zu folgenden Fragen:

a) Wann ist jemand eine „Petze"?

b) Wann ist es in Ordnung, wenn jemand in einem Konflikt einen Erwachsenen oder eine Erwachsene holt?

2. Denke nach, ob dir ein Beispiel zu solch einer Situation einfällt! Schreibe es auf.

Achte aber bitte darauf, dass keine der anwesenden Personen durch deine Geschichte verletzt wird!

3. Baut zusammen ein "Standbild" mit dem Titel: "Die Petze"!

Ein Standbild ist sozusagen eine Vorlage für ein Foto. Es zeigt ohne Worte, was ihr ausdrücken wollt. Wenn ihr Hilfe braucht, wendet euch an euren Lehrer / Betreuer / den Erwachsenen in der Runde!

Arbeitsblatt 3

Die Josefsgeschichte spielt im damaligen Palästina und in Ägypten. Ägypten ist zu dieser Zeit ein reiches Land mit Straßen, Gärten und Häusern. Einen mächtigen Herrscher gibt es dort auch: den Pharao. Seine Machtfülle ist für die Geschichte wichtig.

1. Entscheidet euch, wo "eure" Josefsgesichte spielen soll!

Bedenkt dazu: Welche Länder fallen euch ein, die heute so ähnlich sind wie Ägypten damals? Sicherlich ist es hilfreich, ein Land auszusuchen, das ihr heute auch noch als „sehr weit weg" empfindet.

2. Findet heraus, was die Menschen dort arbeiten.

Womit verdienen sie ihren Lebensunterhalt?

3. Stell dir vor, du wirst alleine in dieses Land geschickt.

Beschreibe nun, ganz für dich alleine: Wie würde dein erster Tag dort in der Fremde verlaufen?

4. Verfasse nun eine Liste.

Zähle auf, welche Schritte du in den ersten Monaten unternehmen würdest, um in dem fremden Land zurechtzukommen!

____

____

____

____

____

5. Und was, wenn es nicht nach Plan läuft?

Bedenkt nun gemeinsam, von welchen Unglücken und Katastrophen das fremde Land heimgesucht werden könnte!

____

____

____

____

  **Arbeitsblatt 4**  

Josef träumt sehr viel. Seine nächtlichen Gedanken erzählt er manchmal anderen Menschen, die darauf verschieden reagieren. Manche empfinden Josefs Träume als Angeberei, andere schenken ihnen keinen Glauben, wieder andere sehen sie als Hinweis auf die Zukunft.

1. Kannst du dich an einen Traum von dir erinnern?

(Bitte erzähle ihn nicht, schreibe ihn jetzt auch nicht auf! Das darfst du dir für die Menschen aufbewahren, mit denen du ganz eng verbunden bist.) Beurteile stattdessen folgenden Satz: „Träume haben mit unserer Realität gar nichts zu tun."

2. Was würde Josef wohl heutzutage träumen?

Erstelle einen Bilderzyklus mit dem Namen „Josefs Träume heute". Vielleicht kannst du dich mit den anderen auf eine Technik einigen. (Collage / Zeichnungen / Aquarell / Wachsmalkreide / anderes).

 **Arbeitsblatt 5** 

Josef wird in Ägypten an Potifar, einen Bediensteten des Pharaos, verkauft. Er arbeitet hart in Potifars Haus. Deshalb mag Potifar Josef. Aber dann kommt Josef ins Gefängnis, weil Potifars Frau Lügen über ihn erzählt hat.

1. Wie geht es in unseren Gefängnissen zu?

Schreibe auf, was du darüber weißt! Informiere dich auch im Internet, in der Zeitung oder im Gespräch mit anderen darüber und ergänze deine Notizen.

____

____

____

2. Was macht ein Häftling den ganzen Tag über?

Beschreibe den ungefähren Tagesablauf eines Häftlings!

Morgens: _______________________________________

Mittags: ____

Nachmittags: ____________________________________

Abends: ____

Nachts: ____

3. Jemand ist zu Unrecht zu 4 Jahren Haft verurteilt worden. Welchen Brief könnte er an seine Mutter schreiben?

   **Arbeitsblatt 6**   

Pharao hat seltsame Träume gehabt. Josef hat sie gedeutet und so eine große Hungersnot vorhersehen können. Der Pharao vertraute Josef und beauftragte ihn, Vorkehrungen zu treffen. Josef macht also Pläne, wie sich Getreide für die Jahre der Hungersnot speichern lässt. Als die schwierige Zeit schließlich anbricht, sind die Ägypter gut vorbereitet.

1. Welche Vorräte habt ihr zu Hause?

Habt ihr auch eine Vorratskammer?

____

____

2. Auch in deinem Land gibt es riesige Speicher.

Informiere dich darüber, wo unsere

a) Lebensmittel (Mehl / Gemüse / Früchte / Fleisch)

____

____

b) Brennstoffe (Heizöl / Benzin / Gas / Kohle)

____

____

aufbewahrt werden, bevor sie in den Handel und zu uns gelangen!

3. Wie würde sich das Leben verändern, wenn ...

... diese Vorräte auf einmal knapp würden? Lass dir dazu auch Geschichten aus der Zeit des 2. Weltkrieges und danach erzählen. Deine Urgroßeltern und andere Menschen, die heute mindestens 70 Jahre alt sind, kennen diese Zeit noch.

2. Mach dir einmal Gedanken darüber, wie ...

... mit Fremden in unserem Land umgegangen wird, die an unserem Reichtum teilhaben wollen.

Platz für eigene Gedanken ...

Anleitungen Für Begleitpersonen

B. Das große Nacherzählen

Nach diesem ersten Durchgang, der dabei helfen soll, die möglichen Bezüge der Josefsgeschichte aufzuzeigen, kann es jetzt losgehen:

Für die konkrete Nacherzählung ist es hilfreich, die Geschichte selbst in kleinere Segmente zu unterteilen und jeden Abschnitt jeweils einer Kleingruppe zuzuordnen. Bei der Gliederung der Geschichte kann die Seiteneinteilung des ersten Teils unseres Büchleins übernommen werden.

Für den Schreibprozess selbst empfehlen wir das in der Einleitung bereits beschriebene Verfahren:

- Die Kleingruppen sollten keinesfalls mehr als vier Kinder umfassen.

- Die „Ämter" sollten klar verteilt werden.

- „Die Schreiberin" oder „der Schreiber" ist das wichtigste Amt.

- Aber auch die anderen Kinder haben eine wichtige Aufgabe! Meist wird sich je nach Vorliebe der Gruppenmitglieder eine natürliche Aufgabenverteilung ergeben, die nur noch klar bestätigt werden muss.

- Jede Gruppenarbeit braucht in jedem Fall eine klare Zeitvorgabe, sonst steht nach 15 Minuten immer noch nichts auf dem Blatt.

- Jede Gruppe präsentiert anschließend ihr Ergebnis, so dass sich jetzt bereits der erste Erzählbogen bildet.

- Die gerade nicht sprechenden Gruppen müssen genau zuhören, um Brüche in der Erzählung zu bemerken. Nur so wirkt die Geschichte am Ende „wie aus einem Guss".

- In einem nächsten Arbeitsgang werden die Ergebnisse diskutiert und ggf. mit guten Ideen von den jeweils anderen Gruppen „angereichert".

Nachdem die Texte der Kinder in Computerdateien umgewandelt wurden, kommt die Revision. Das hört sich trocken an, ist aber viel spannender als vermutet. Die Dateien werden nämlich so ausgedruckt, dass die Kinder gut darin korrigieren können.

Diese Revision findet wieder in Kleingruppen statt. Aber natürlich hat jede Gruppe die Texte vorliegen, die sie **nicht** selber geschrieben hat. Es macht schließlich viel mehr Spaß, die Texte der anderen zu revidieren! Auch hier werden die Ergebnisse wieder vorgestellt und größere Änderungen im Plenum zur Abstimmung gestellt.

Nachdem die Korrekturen eingearbeitet sind, lohnt es sich, den ganzen Text noch einmal laut zu lesen. Und keine Angst: Selbst drei Wiederholungen der Geschichte sind nicht langweilig – im Gegenteil!

C. Den Bilderkosmos erstellen

Wenn erst einmal die Geschichte steht, dann sollte sie auch bebildert werden. Hierbei können andere Bilder der Josefsgeschichte – beispielsweise auch jene dieses Büchleins – hilfreich sein, sie können die Phantasie jedoch auch einschränken. Es gilt daher, individuell zu entscheiden: Alles, was eigene Ideen fördert, ist erlaubt!

Auch bei der Bebilderung einer Josefsgeschichte für die Gegenwart kann es nützlich sein, sich über das Umfeld, in der die Geschichte spielen soll, zu informieren.

- Wie sieht es in dem Land aus, in das die Geschichte gesetzt wird?
- Wie leben dort die gehobenen Beamten?
- Wie sieht es in den Gefängnissen aus?
- Wie sehen Vorratsspeicher dort aus?
- Was macht die repräsentativen Gebäude in diesem Land aus?
- Hier können das Internet und die Bibliothek wirklich sinnvoll genutzt werden!

D. Theaterwerkstatt

Wenn Kinder Theater spielen, müssen sie meist die Texte auswendig lernen. Das ist den Aufführungen leider oft anzumerken.

Nur ganz wenige Kinder können Texte, die sie nicht verfasst haben, zu ihren eigenen machen. Dabei ist das Theaterspielen für Kinder gerade darum eine so große Freude, weil sie dort Rollen ausprobieren können, die in irgendeiner Form etwas mit ihnen und ihrem Leben zu tun haben, sonst sind sie für die Darsteller irrelevant.

Wenn Kinder nun Stücke selber schreiben, ist dies schon ein Schritt in die richtige Richtung. Aber unserer Auffassung nach geht auch das noch nicht weit genug. Jede Spontaneität geht verloren, wenn die Rolle vorab „festgeschrieben" worden ist.

Es gibt allerdings eine Form des Stegreiftheaters, mit der sich auch biblischer Erzählstoff gut aneignen lässt: Den Kindern muss dazu der Handlungsfaden an die Hand gegeben werden – aber eben auch wirklich nur der.

 Als Vorarbeit können die Arbeitsblätter der Schreibwerkstatt hilfreich sein.

Die Geschichte wird in mehrere Segmente untergliedert. Dann spielen die Kinder die Szenen so, „wie ihnen der Schnabel gewachsen ist". Die Lehrperson schreibt mit.

Nach der Szene, die beim ersten Durchgang meist noch eher dürftig ist, werden die Darsteller und Darstellerinnen zuerst gefragt, wie sie ihre Darbietung selbst beurteilen:

- Was war gut?

- Was könnte noch besser gemacht werden?

Dann geben die Kinder, die zugeschaut haben, ihre Kommentare ab. Zusätzliche Ideen sind immer willkommen!

Beim zweiten Durchgang haben die Darsteller dann schon viel mehr Material, auf das sie zurückgreifen können. Sie entscheiden selbst, was sie von den Ideen umsetzen, die an sie herangetragen wurden.

Die schöne und überraschende Erfahrung, die dabei zu machen ist, besteht darin, dass die Kinder auf diese Weise nicht nur ihre Rolle selbst gestalten, sondern auch immer mehr in sie hineinwachsen. Unsere Erfahrungen haben gezeigt, dass nach etwa sechs Durchgängen eine richtig lebendige Szene entstanden ist.

Interessanterweise „sitzen" diese Rollen viel besser als die auswendig gelernten! Das, was sich die Kinder spontan selbst ausgedacht haben, können sie sich nämlich viel besser merken.

Die begleitende Person braucht eigentlich lediglich darauf zu achten, dass der Handlungsfaden nicht aus dem Blick gerät und dass die (guten) Ideen der letzten Durchgänge nicht verlorengehen.

Deswegen unser Tipp: Mitschreiben.

Und ansonsten: Die Kinder machen lassen ...

www.editionriedenburg.at

Ausgewählte Titel der edition riedenburg

Alle meine Tage – Menstruationskalender

Annikas andere Welt – Psychisch kranke Eltern

Aus dem Schmerz in die Freiheit – Missbrauch

Baby Lulu kann es schon! – Windelfreies Baby

Besonders wenn sie lacht – Lippen-Kiefer-Gaumenspalte

Bitterzucker – Nierentransplantation

Das doppelte Mäxchen – Zwillinge

Das große Storchenmalbuch mit Hebamme Maja

Das Wolfskind auf der Flucht – Zweiter Weltkrieg

Der Kaiserschnitt hat kein Gesicht – Fotobuch

Diagnose Magenkrebs ... und zurück ins Leben

Die Josefsgeschichte – Biblisches von Kindern für Kinder

Die Nonnenfrau – Austritt aus dem Kloster

Drei Nummern zu groß – Kleinwuchs

Egal wie klein und zerbrechlich – Erinnerungsalbum

Ein Baby in unserer Mitte – Hausgeburt und Stillen

Frauenkastration – Fachwissen und Frauen-Erfahrungen

Ich war ein Wolfskind aus Königsberg – DDR und BRD

Ich weiß jetzt wie! Reihe für Kinder bis ins Schulalter

Jutta juckt's – Neurodermitis

Klara weint so viel – Schreibaby

Konrad, der Konfliktlöser – Konfliktfreies Streiten

Lass es raus! Die freie Geburt

Lilly ist ein Sternenkind – Verwaiste Geschwister

Lorenz wehrt sich – Sexueller Missbrauch

Luxus Privatgeburt – Hausgeburten in Wort und Bild

Machen wie die Großen – Rund ums Klogehen

Maharishi Good Bye – Tiefenmeditation und die Folgen

Mama und der Kaiserschnitt – Kaiserschnitt

Mamas Bauch wird kugelrund – Aufklärung für Kinder

Manchmal verlässt uns ein Kind – Erinnerungsalbum

Meine Folgeschwangerschaft – Schwanger nach Verlust

Meine Wunschgeburt – Gebären nach Kaiserschnitt

Mein Sternenkind – Verwaiste Eltern

Mini ist zu früh geboren – Frühgeburt

Mit Liebe berühren – Erinnerungsalbum

Mord in der Oper – Bellinis letzter Vorhang

Nasses Bett – Einnässen

Oma braucht uns – Pflegebedürftige Angehörige

Oma war die Beste! – Trauerfall in der Familie

Pauline purzelt wieder – Übergewichtige Kinder

Regelschmerz ade! Die freie Menstruation

So klein, und doch so stark! – Extreme Frühgeburt

So leben wir mit Endometriose – Hilfe für betroffene Frauen

SOWAS! – Kinder- und Jugend-Spezialsachbuchreihe

Tragekinder – Das Kindertragen Kindern erklärt

Und der Klapperstorch kommt doch! – Kinderwunsch

Und wenn du dich getröstet hast – Erinnerungsalbum

Unser Baby kommt zu Hause! – Hausgeburt

Unsere kleine Nina – Babys erstes Jahr

Unser Klapperstorch kugelt rum! – Schwangerschaft

Volle Hose – Einkoten

Wann kommt die Sonne? – Lebertransplantation

Wenn der Krieg um 11 Uhr aus ist, seid ihr um 10 Uhr alle tot! – Schulprojekt zum ehemaligen KZ-Außenlager Obertraubling